全国中等职业技术学校汽车类专业教材

汽车电子控制装置（第三版）习题册

中国劳动社会保障出版社

图书在版编目（CIP）数据

汽车电子控制装置（第三版）习题册/毛红孙主编. —北京：中国劳动社会保障出版社，2013

全国中等职业技术学校汽车类专业教材

ISBN 978－7－5167－0784－5

Ⅰ.①汽… Ⅱ.①毛… Ⅲ.①汽车-电子控制-中等专业学校-习题集 Ⅳ.①U463.6－44

中国版本图书馆 CIP 数据核字（2013）第 281128 号

中国劳动社会保障出版社出版发行

（北京市惠新东街 1 号　邮政编码：100029）

出 版 人：张梦欣

*

北京市科星印刷有限责任公司印刷装订　　新华书店经销

787 毫米×1092 毫米　16 开本　3.25 印张　76 千字

2014 年 1 月第 1 版　　2024 年 12 月第 14 次印刷

定价：7.00 元

营销中心电话：400-606-6496

出版社网址：http://www.class.com.cn

http://jg.class.com.cn

目　录

模块一　汽车发动机电子控制装置

§1—1　汽油发动机电子控制燃油喷射系统

一、填空题（将正确答案填写在横线上）

1. 汽油发动机电子控制燃油喷射系统由＿＿＿＿＿＿＿、＿＿＿＿＿＿和电子控制系统组成。

2. 发动机电子控制燃油喷射系统按喷油器的数目来分，可分为＿＿＿＿＿和＿＿＿＿＿。

3. 按空气量测量方式不同，汽油发动机电子控制燃油喷射系统可分为＿＿＿＿＿＿和＿＿＿＿＿两大类型。而空气流量感应式又可分为＿＿＿＿＿＿＿和空气质量流量式。

二、判断题（对的打“√”，错的打“×”）

1. 电子控制燃油喷射系统的作用是及时向发动机供给各种工况下所需要的燃油量。（　　）

2. 连续喷射方式又称脉冲喷射、定时喷射，即当喷油器通电时喷油，喷油器断电时结束喷油。（　　）

三、选择题

1. 发动机电子控制燃油喷射系统按喷油器的数目来分，可分为＿＿＿＿和多点喷射。

A. 单点喷射　　B. 三点喷射　　C. 缸内喷射

2. 汽油发动机电子控制燃油喷射系统按喷射方式可分为＿＿＿＿和间歇喷射方式。

A. 连续喷射方式　　B. 混合喷射方式　　C. 变动喷射方式

3. 汽油发动机电子控制燃油喷射系统按喷射压力分为低压燃油喷射、＿＿＿＿和高压燃油喷射。

A. 连续燃油喷射　　B. 中压燃油喷射　　C. 间歇燃油喷射

四、名词解释

1. 单点喷射

2. 连续喷射

五、问答题

汽油发动机电子控制燃油喷射系统的优点有哪些？

§1—2　空气供给系统

一、填空题（将正确答案填写在横线上）

1. 空气流量传感器（又称空气流量计）一般安装在__________与_________之间的进气管上，常用在L型发动机上。

2. 根据测量原理不同，空气流量传感器可以分为________________、_______________、_______________和_______________四种类型。

3. 热线式空气流量传感器有两种：一种为________________，用于较大排量发动机；另一种为________________，用于较小排量发动机。

4. 节气门位置传感器按总体结构分为__________________、________________和__________________。

5. 发动机冷却液温度传感器即水温传感器一般安装在______、______或______内并伸入水套中，与冷却水接触。

6. 节气门与加速踏板连接，驾驶员通过踩踏加速踏板，改变节气门的______，使进气通道面积改变，从而改变_________。

二、判断题（对的打“√”，错的打“×”）

1. 主流测量方式热丝式空气流量传感器，与旁通测量方式热丝式空气流量传感器的区别是，它把铂金热丝和补偿电阻（冷线）安装在旁通空气道中。（　　）

2. 铂金热丝（热线电阻）在传感器工作时由控制电路提供的电流加热到120℃左右。（　　）

3. 进气歧管绝对压力传感器是另一种检测发动机进气量的传感器，应用在L型发动机EFI燃油喷射系统中。（　　）

4. 检测进气歧管绝对压力传感器时，随着真空度上升，其输出电压值增大。（　　）

5. 用万用表的kΩ挡测量滑动电阻式节气门位置传感器端子VC与E2之间的电阻值。

用手转动节气门位置传感器中轴，在节气门开度逐渐增大的过程中，所测电阻值应随之变化。（ ）

三、选择题

1．发动机冷却液温度传感器是负温度系数热敏电阻（NTC），在工作范围内，其电阻值随温度的升高而________。

A．增大　　B．减小　　C．不变

2．怠速空气控制阀是怠速控制系统的执行器，通常安装在节气门体上，其作用是自动调整发动机________。

A．怠速转速　　B．转速　　C．输出功率

3．步进电动机式怠速控制阀通常有 2～4 组线圈，各组线圈的电阻值为________。

A．5～20 Ω　　B．10～25 Ω　　C．10～30 Ω

四、问答题

1．空气供给系统的作用是什么？

2．怠速空气控制阀的作用是什么？

§1—3 燃油供给系统

一、填空题（将正确答案填写在横线上）

1. 电动燃油泵将汽油自油箱内吸出，经_____过滤后，由_____调压，通过油管输送给________，________根据电子控制单元指令向进气管喷油。

2. 燃油系统的作用是及时地_________________燃油量。

3. 喷油器通电时间越______，脉冲宽度越______，喷油量越______。

二、判断题（对的打“√”，错的打“×”）

1. 电动燃油泵的作用是连续不断地向燃油系统供给具有足够压力的燃油。（ ）

2. 滚柱式燃油泵泵油时脉动小，不需调节阀，因此体积小，质量轻。（ ）

3. 止回阀的作用是在油泵不工作时阻止燃油倒流回油箱，以保持发动机停机后的燃油压力，便于再次起动。（ ）

4. 燃油滤清器是一次性使用的，一般每行驶 40 000 km 更换一次。（ ）

5. 燃油滤清器外壳上的箭头（或字母 IN）表示燃油的流进方向，安装时，不允许倒装。（ ）

三、选择题

1. 燃油滤清器纸质滤芯可滤去直径大于________的杂质。

A. 0.1 mm　　B. 0.01 mm　　C. 0.02 mm

2. 燃油压力调节器将喷油总管（燃油分配管）油压与进气歧管之间的压力之差保持在________。

A. 200～300 kPa　　B. 150～250 kPa　　C. 250～300 kPa

3. 喷油器的种类很多，按驱动方式分，有________。

A. 电流驱动和电压驱动　　B. 电压驱动和电阻驱动　　C. 电流驱动和电阻驱动

4. 喷油器通电时间越长，脉冲宽度越________，喷油量越________。

A. 窄　多　　B. 宽　多　　C. 宽　少

四、问答题

为什么油泵在油箱里工作不会引起爆炸？

§1—4　电子控制系统

一、填空题（将正确答案填写在横线上）

1. 汽油发动机电子控制燃油喷射系统的电子控制系统由__________、______________、____________三部分组成。

2. 曲轴位置传感器有__________、________及________三种类型。

3. 光电式曲轴位置传感器设置在分电器内，它由________和带缝隙和光孔的________组成。

4. 氧传感器是用来检测排气中的________，并将检测结果转变为电信号输入________，ECU 根据氧传感器的输入信号对__________。

5. 常用的爆震传感器有__________爆震传感器和____________爆震传感器两种。

6. 共振型磁致伸缩式爆震传感器主要由__________、__________、__________和壳体组成。

二、判断题（对的打“√”，错的打“×”）

1. 凸轮轴位置传感器的信号，能使 ECU 识别 1 缸或 6 缸压缩上止点。（　　）
2. 光电曲轴位置传感器的 G 信号和 Ne 信号发生器由一只二极管控制。（　　）
3. 氧传感器用来检测进气管中氧的含量。（　　）
4. 装有氧传感器的汽车一般用无铅汽油。（　　）
5. 当发动机爆震时的振动频率与振荡片的固有频率相符合时，压电元件不产生电压信号。（　　）
6. 垫圈型压力传感器，能直接测量燃烧压力。（　　）
7. ECU 接到 STA 信号后，若确认发动机处于起动状态，则自动增加喷油量。（　　）

三、选择题

1. 发动机运转时，氧传感器的锆管内侧与外侧间的氧离子________扩散。

   A. 从内向外　　B. 从外向内　　C. 相互　　D. 不

2. 氧传感器一般安装在________上。

   A. 气缸体　　B. 排气管　　C. 进气管

3. 爆震传感器不会安装在________上。

   A. 气缸盖　　B. 气缸体　　C. 火花塞　　D. 排气管

4. ________用来判断发动机是否处于起动状态。

   A. STA 信号　　B. NSW 信号　　C. IGN 信号　　D. A/C 信号

5. ________用来判断变速器是否处于“p”和“N”位置。

   A. STA 信号　　B. NSW 信号　　C. IGN 信号　　D. A/C 信号

6. ________用来判断点火开关是否处于点火状态。

A. STA 信号　　B. NSW 信号　　C. IGN 信号　　D. A/C 信号

7. ________用来判断空调压缩机是否处于工作状态。

A. STA 信号　　B. NSW 信号　　C. IGN 信号　　D. A/C 信号

8. 垫圈型压力传感器是________测量燃烧压力的。

A. 直接　　B. 间接

四、问答题

1. 简述电子控制系统的功能和用途。

2. 点火开关信号的作用是什么？

§1—5　汽油发动机燃油喷射控制

一、填空题（将正确答案填写在横线上）

1. 燃油喷射式发动机所需的燃油是____________和____________供给的。

2. 燃油喷射控制系统中，当三极管导通时，喷油器________；当三极管截止时，喷油器停止________。

3. 喷油器的喷油量与__________、__________、________等因素有关。

4. 喷油正时是ECU根据发动机的_______，适时发出_______指令，将喷油器打开而_____的时刻。

5. 根据燃油喷射时序的不同，多点间歇燃油喷射可分为________喷射、________喷射和________喷射三种基本类型。

6. 发动机一个工作循环，喷油器同时喷射___次。

7. 在发动机冷车起动时，由于________、__________、汽油难雾化，_______，难以起动。

8. 喷油器的总喷油量由基本________和__________组成。

9. 与基本喷油量控制有关的器件主要有________传感器或_______传感器和发动机________传感器。

10. 与暖机加浓有关的信号有：__________、__________、__________等。

11. 与怠速修正有关的信号有：____________、____________、____________等。

二、判断题（对的打“√”，错的打“×”）

1. 喷油量的大小取决于喷油器针阀开启的时间，即取决于喷油器电磁线圈的通电时间。（　）

2. 同时喷射正时控制时，ECU控制各缸喷油器同时喷油，喷油正时与发动机工作过程没有联系。每个工作循环同时喷油2次。（　）

3. 连续喷射的优点是各缸喷油时刻均可设计在最佳时刻。（　）

4. 电磁喷油器的喷油量跟电磁阀打开的时间（喷油器喷射持续时间），也就是ECU提供的喷油脉冲信号宽度（简称喷油脉宽）无关。（　）

5. 无论何时起动发动机，ECU都能精确地确定进气量。（　）

6. 基本喷油量是在标准大气压状态下，根据发动机每个工作循环的进气量、发动机转速和设定的空燃比确定的。（　）

三、选择题

1. _______是喷油器何时开始喷油的时刻。

A. 喷油开始　　B. 喷油正时　　C. 喷油末期

2. 分组喷射正时控制每个工作循环各组均喷射_______次。

A. 1　　B. 2　　C. 3

3. 起动后喷油量 = _______ + 喷油修正量。

A. 基本喷油量　　B. 主要喷油量　　C. 总喷油量

4. L型电控燃油喷射系统的基本喷油量由_______确定。

A. 发动机转速和蓄电池电压

B. 蓄电池电压和进气量信号

C. 发动机转速和进气量信号

四、问答题

1. 发动机起动时，进气压力传感器信号故障对发动机有什么影响？

2. 怠速时，节气门位置传感器信号故障对发动机有什么影响？

§1—6 缸内汽油直接喷射系统

一、填空题（将正确答案填写在横线上）

1. 缸内直喷又称 FSI，即________________，是用来改善传统汽油发动机供油方式的______而研制的缸内直接喷射技术。

2. 由于 FSI 发动机有至少两种燃烧模式：________________，所以缸内直接喷射发动机具有比较优越的性能。

3. 与那些把汽油喷入进气歧管的发动机相比，FSI 发动机的主要优势有：__________、功率和扭矩可以同时提升、____________。

二、判断题（对的打“√”，错的打“×”）

1. 缸内直接喷射发动机能有比较优越性能的原因是 FSI 发动机有至少两种燃烧模式：分层稀薄燃烧和均质燃烧。（ ）

2. 使用稀薄燃烧的发动机，在进气行程中并不进行供油，而是在压缩行程开始时就进

行供油。 （ ）

3．均质燃烧进气过程当高负荷时，翻板依然是关闭的，有利于形成强烈的进气旋流，利于混合气的形成与雾化。

4．特殊活塞是指活塞顶部凹陷为浅碗或深碗形，并削成不规则形状。 （ ）

5．通用的SIDI技术依靠的是缸内均质燃烧来提升效率，并没有使用稀薄分层燃烧技术。 （ ）

6．缸内直接喷射系统输出功率高，因此它对于燃油品质没什么要求。 （ ）

三、选择题

1．缸内汽油直接喷射发动机可大幅度降低CO、HC、NO_2的排放，因此缸内汽油直接喷射发动机也称________。

A．省油发动机　　B．动力发动机　　C．环保发动机

2．高压油泵里集成了燃油压力________和限压阀，可以为系统提供过压保护。

A．止回阀　　B．调节阀　　C．高压阀

3．高压油泵通常由________带动，内部有双头或者三头________加压。

A．凸轮轴　凸轮　　B．凸轮轴　轮齿　　C．曲轴　轮齿

4．高压喷油器：安装在汽缸盖上，配合高压汽油泵，将汽油喷入________中。

A．节气门　　B．汽缸　　C．进气歧管

5．TSI发动机是在FSI技术的基础之上，安装了一个涡轮增压器和一个________。

A．机械增压器　　B．进气控制器　　C．废气再循环器

四、名词解释

分层燃烧

五、问答题

缸内汽油直接喷射发动机的特殊设计中除燃油系统的改造外，其他发动机部件的设计有哪些改进？

§1—7 点 火 控 制

一、填空题（将正确答案填写在横线上）

1. 点火系统的基本装置包括电源、__________、点火正时控制装置、高压产生器、__________、高压电分配装置、高压导线及______等。

2. __________是确定曲轴基准位置和________的传感器。

3. 点火提前装置由 ECU 通过收集发动机转速、_____________或____________、___________、__________、__________、__________等信息，算出____点火正时提前角度，再向点火器发出点火信号以达到控制点火正时的目的。

4. 微机点火控制系统是利用________输入的信号，经过数学运算和逻辑判断，控制点火控制器______电路通断的点火系统。

5. 当点火线圈____电流被切断时，产生__________触发 IGF 信号发生电路，输出一个__________信号（IGF）反馈给 ECU。

6. 无分电器式电控点火系统的配电方式主要有三种：_________ 方式、__________方式、__________方式。

7. 点火提前角 = __________ + 基本点火提前角 + __________。

8. 现代大多数轿车的点火控制器为独立总成，并用线束和连接器与 ECU 相连接，它除了起开关作用外，还有__________、__________、__________、__________等功能。

9. 电器的电控点火系统中的 ECU 根据曲轴位置传感器输入的________________和______________信号，确定点火时刻。

10. 点火提前角主要有__________、__________、__________和__________四种修正方法。

二、判断题（对的打“√”，错的打“×”）

1. 当发动机转速升高时，其点火提前角应适当减少。（　）

2. 点火控制器的作用是按照信号发生器的电压信号接通或断开二次电路，使点火线圈一次绕组产生高压电。（　）

3. 闭磁路点火线圈比开磁路点火线圈的能量转换率高。（　）

4. 无分电器的同时点火系统是两个缸的火花塞共用一个点火线圈。（　）

5. 蓄电池的电压变化也会影响到一次电流。（　）

6. 轻微的爆燃可使发动机功率上升，油耗下降。（　）

7. 发动机工作时，随冷却液温度的提高，爆燃倾向逐渐增大。（　）

8. 点火提前角对发动机性能的影响非常大。（　）

9. 起动时点火提前角是固定的。（　）

10. ECU 根据凸轮轴位置传感器的信号，来确定发动机转速。（　）

11. 如果发动机实际点火提前角不合适，则发动机很难正常运转。 (　　)

12. 最佳点火提前角可以大大提高发动机的动力性、燃油经济性和排放性。 (　　)

13. 采用爆震传感器来进行反馈控制，可使点火提前角在不发生爆震的情况下尽可能地增大。 (　　)

14. 点火提前角过大，会使爆燃倾向减小。 (　　)

15. 随着负荷的减小，进气管真空度增大，此时应适当减小点火提前角。 (　　)

16. 在电控点火系统中，Ne 信号主要用来计量点火提前角的通电时间。 (　　)

三、选择题

1. 一般来说，缺少了________信号，电子点火系统将不能点火。

A. 进气量　B. 水温　C. 转速　D. 上止点

2. 发动机工作时，随冷却液温度提高，爆燃倾向________。

A. 不变　B. 增大　C. 减小　D. 与温度无关

3. 点火闭合角主要是通过________加以控制的。

A. 通电电流　B. 通电时间　C. 通电电压　D. 通电速度

4. 传统点火系统与电子点火系统最大的区别是________。

A. 点火能量的提高　B. 断电器触点被点火控制器取代

C. 曲轴位置传感器的应用　D. 点火线圈的改进

5. 闭磁路点火线圈和开磁路点火线圈相比，其铁心不是条形而是________字形。

A. “日”　B. “田”　C. “Y”　D. “F”

6. 下列不是怠速稳定修正控制信号的是________。

A. 车速传感器信号　B. 空调开关信号

C. 冷却水温度信号　D. 节气门位置传感器信号

7. 电子控制点火系统由________直接驱动点火线圈进行点火。

A. ECU　B. 点火控制器　C. 分电器　D. 转速信号

8. ECU 根据________信号对点火提前角实施反馈控制。

A. 水温传感器　B. 曲轴位置传感器

C. 爆燃传感器　D. 车速传感器

9. 点火线圈一次电路的接通时间取决于________。

A. 断电器触电的闭合角　B. 发动机转速

C. A、B 都正确　D. A、B 都不正确

四、名词解释

1. 基本点火提前角

2. 空燃比修正

3. 闭合角

4. 过压保护电路

五、问答题

1. 简述点火系统的作用。

2. 点火过早、过迟对发动机有什么影响？

3. 简述微机控制点火的工作原理。

§1—8 怠速控制

一、填空题（将正确答案填写在横线上）

1. 怠速控制的控制内容包括：____________、起动控制、暖机控制、怠速稳定控制、____________、电器负荷增多时的怠速控制、____________等。

2. 怠速的控制方式一般有两种：一种是直接控制节气门关闭位置的____________，一种是控制节气门旁通通道中空气流量的____________。

3. 在暖机过程中 ECU 根据____________按内存的控制特性控制怠速控制阀的开度。

4. 旁通空气式怠速控制常用的控制方法有：__________、__________和____________等。

二、判断题（对的打“√”，错的打“×”）

1. 旁通式怠速控制就是控制旁通通道的通气量。（　　）
2. 步进电动机式怠速控制阀，在点火开关关闭后处于全闭状态。（　　）
3. 步进电动机的正常工作范围为 0 ~ 125 个步级（日本车）。（　　）

三、选择题

1. 怠速转速偏高的可能原因是________。
   A. 怠速阀卡在小开度　　B. 水温传感器故障
   C. 冷却剂液面偏低　　D. BTDC 偏小
2. 旋转电磁阀式怠速控制装置中，滑阀的最大偏转角度限制在________内。
   A. 30°　　B. 60°　　C. 90°　　D. 120°
3. ________情况下不需要提高怠速转速。
   A. 怠速时打开收音机　　B. 怠速时打开空调
   C. 怠速时电器负载增大　　D. 怠速时变速器挡位挂入行驶挡
4. 旋转电磁阀式怠速控制执行机构中，阀门的开启程度及方向由控制线圈的________控制。
   A. 电压大小　　B. 电流大小　　C. 电阻大小　　D. 电流方向
5. 在电控怠速控制系统中，ECU 首先根据各传感器的输入信号确定________转速。
   A. 理论　　B. 目标　　C. 实际　　D. 假想
6. 旁通空气式怠速控制是通过调节________来控制空气流量的。
   A. 旁通气道的空气通路面积　　B. 主通气道空气通路面积
   C. 主气道或旁通气道的空气通路面积　　D. 节气门开度
7. 不影响怠速转速的因素有________。
   A. 转向助力　　B. 自动变速器挡位开关
   C. 蓄电池电压　　D. 节气门位置传感器

四、问答题

怠速控制系统有哪些功能和用途？

§1—9 进 气 控 制

一、填空题（将正确答案填写在横线上）

1．进气惯性增压控制系统当控制阀关闭时，进气室内的压力波传播长度是从________到________的距离，使发动机在中低速区域产生增压效果，改善了运行性能。

2．动力控制阀装置安装在进气管上，控制________________的大小。

3．废气涡轮增压控制系统利用____________的流速，驱动涡轮旋转，涡轮旋转使进气管中的气流增加而________。

二、问答题

汽车进气控制一般有几种方式？它们的不同之处有哪些？

§1—10　汽油机排放控制系统

一、填空题（将正确答案填写在横线上）

1．汽油机主要排放物有 CO_2、N_2、H_2O、HC（碳氢化合物）、__________、________、________、铅化物等。

2．空燃比在____________的混合气最有利于三元催化转换器工作。

3．发动机工作时，ECU 根据发动机____________、____________、____________等信号，确定一个最佳的排放量，向炭罐控制真空电磁阀输出不同占空比的脉冲信号，以控制排放控制阀上部的真空度。

4．影响 TWC 转换效率的因素中，影响最大的是____________和____________。

5．三元催化剂减少氮氧化合物（NO_x）、HC 和 CO 的含量，并将它们转化成________、____________和____________。

6．EGR 系统主要有____________和____________两种。

7．二次空气供给系统在一定情况下，将____________送入排气管，以降低 CO 和 HC 的排放量。

二、判断题（对的打“√”，错的打“×”）

1．活性炭罐受 ECU 控制，在各种工况下都工作。（　　）

2．在内燃式发动机中，CO 主要是空气不足或其他原因造成不完全燃烧时，所产生的一种无色、无味的气体。（　　）

3．气缸内的温度越高，排出的 NO_x 量越多。（　　）

4．EGR 系统会对发动机的性能造成一定的影响。（　　）

5．EGR 控制系统是将适量废气重新引入气缸燃烧，从而提高气缸的最高温度。（　　）

6．废气再循环取决于 EGR 开度，而 EGR 开度由 ECU 控制。（　　）

7．发动机的排气温度大于 815℃时，TWC 转换效率下降。（　　）

三、选择题

1．关于三元催化转换器的转化效率，以下说法正确的是________。

A．空燃比越大转化效率越高　　B．空燃比越小转化效率越高

C．与空燃比无关　　D．在理论空燃比附近最高

2．二次空气喷射系统主要在________工况工作。

A．启动　　B．小负荷　　C．中等负荷　　D．大负荷

3．三元催化器可以________。

A．还原 NO_x，氧化 HC 和 CO　　B．还原 HC，氧化 NO_x和 CO

C．还原 CO，氧化 HC 和 NO_x　　D．氧化 NO_x，还原 HC 和 CO

4．废气再循环系统的作用是________。

A. 减少氮氧化合物　　B. 只减少碳氢

C. 只减少一氧化碳　　D. 减少碳氢和一氧化碳

5. HC 的生成机理主要是________。

A. 燃料的不完全燃烧和缸壁淬冷

B. 在局部氧和低温下由于烃的不完全燃烧

C. 燃烧室的高温条件下，氧和氮的反应

D. 混合气的形成和分配不均匀

6. EGR 系统的功能是________。

A. 控制 HC 的生成量　　B. 控制 NO_x 的生成量

C. 控制 CO 的生成量　　D. 控制 HC、CO 的生成量

7. 汽车排放污染物的主要成分是________等。

A. 一氧化碳　　B. 二氧化碳

C. 碳氢化合物　　D. 氮氧化物

8. 废气再循环系统在________的情况下应不工作。

A. 起动　　B. 冷却液温度低于 80℃

C. 怠速　　D. 中等转速、冷却温度高于 80℃

9. 下列是发动机净化措施的有________。

A. 曲轴箱通风　　B. 油箱通风

C. 废气再循环　　D. 废气涡轮增压

四、名词解释

废气再循环

§1—11 故障自诊断系统

一、填空题（将正确答案填写在横线上）

1. 汽车电子控制装置的自诊断系统中，故障代码的显示方法主要有______________、____________、____________显示。

2. 汽车自诊断控制系统在正常工作时，电控单元 ECU 的____________和__________都是在一个规定的范围内运行。

二、选择题

1. 电控发动机在接通点火开关（转到“NO”位置）时，故障指示灯点亮，发动机起动后，该指示灯熄灭，这表示________。

A. 电控系统有故障　　B. 故障指示灯有故障
C. 电控系统工作正常　　D. 供油部分有故障

2. 第二代自诊断测试系统—OBD－Ⅱ采用________个端子。

A. 14　　B. 15　　C. 16　　D. 17

3. 故障自诊断系统的功能有________。

A. 监测所有零部件的工作情况　　B. 存储故障码
C. 自动修复损坏传感器　　D. 提示驾驶员有故障
E. 替代执行器

4. 运转过程中发动机故障指示灯常亮表示________。

A. 空气流量计损坏　　B. 汽油泵损坏
C. 火花塞损坏　　D. 水温传感器损坏
E. 油压调节器损坏

三、名词解释

故障码

四、问答题

故障诊断系统有几种类型?

§1—12 安全保险功能和备用系统

一、填空题（将正确答案填写在横线上）

1. ECU 安全保险功能将根据____________和____________确定的固定值控制喷油时间，保证发动机能够维持基本运转。

2. 备用系统是个简易的控制系统：应急备用系统工作时，只能根据起动开关信号和怠速触点信号将发动机的工况简单地分为___________、___________和___________。

3. 备用回路只按照起动信号和怠速触点闭合状态，以恒定的_________和_________对___________和___________进行控制。

二、判断题（对的打“√”，错的打“×”）

1. 备用系统是个简易控制系统，既有基本功能，又能保持发动机正常运行的最佳性能。（　　）

2. 备用系统在发动机控制模块内，由自诊断系统控制开启。（　　）

三、选择题

1. 当备用系统起作用时，点火提前角________。

A. 不变　　B. 根据不同工况而变化

C. 根据怠速触点位置而变化　　D. 起动后不变

2. 当点火系统产生故障，ECU 连续________检测不到由点火控制器返回的 IGF 信号时，ECU 安全保险功能立即控制喷油器停止燃油喷射。

A. 1 ~ 5 次　　B. 8 ~ 10 次　　C. 10 ~ 15 次　　D. 15 次以上

四、问答题

发动机备用系统起动的条件是什么?

§1—13 柴油发动机电子控制系统

一、填空题(将正确答案填写在横线上)

1. 至今电控柴油机已经发展到了第三代。第一代为____________________,第二代为____________,第三代为__________,即________________________。

2. 柴油机电子控制燃油喷射系统同汽油机电子控制燃油喷射系统一样,也是由传感器、__________和______三大部分组成的。

3. 执行器的作用是根据 ECU 发出的控制指令执行相应的任务,主要是控制喷油量、___________和__________等。

4. 位置控制式喷油系统控制喷油量的基本信号有________和________传感器检测的油门信号。

5. 时间控制式柴油喷射系统的控制策略是:____________ + ___________________。

6. 高压共轨式电控柴油喷射系统的组成与电控汽油喷射系统相同,也是由空气供给系统、___________和__________三大系统组成。其中,电子控制系统主要有____________和__________两个子系统。

7. 在共轨上连接有__________、____________、________和__________等,这些部件与公共油轨一起组成的系统称为________。

8. 流量限压阀又称为__________，连接在共轨与喷油器高压油管之间。

9. 柴油机喷射控制的主要内容是__________、________、____________和喷油速度控制。

二、判断题（对的打“√”，错的打“×”）

1. 无论采用何种控制方式，喷油器都是控制喷油量和喷油定时的最终执行器。（ ）

2. 位置式柴油喷射系统为第二代电子控制柴油喷射系统。（ ）

3. 燃油供给系统的功能是向公共油轨供给压力足够高和油量足够大的燃油。其可分为低压通道与高压通道两个部分。（ ）

4. 高压泵又称供油泵或高压油泵，是燃油供给系统低压通道和高压通道之间的接口部件。（ ）

5. 在高压泵的低压通道上设有一只单向阀，该单向阀的功用是在高压泵停止转动时，关闭燃油回流通道，使低压通道内保持一定的燃油压力，保证再次起动发动机时能可靠起动。（ ）

6. 共轨的功用是储存一定数量和一定压力的燃油。（ ）

三、选择题

1. 位置式柴油喷射系统为第一代电子控制柴油喷射系统，执行器采用________。

A. 电磁执行机构　B. 电磁阀　C. 高压泵

2. 位置控制式喷油系统喷油量反馈控制信号是________。

A. 发动机转速信号　B. 齿杆传感器　C. 加速踏板位置传感器

3. 高压泵的供油量是按________供油量进行设计的。

A. 最小　B. 喷油　C. 最大

4. 高压泵采用供油切断电磁阀后，在发动机怠速和低负荷时，电磁阀通电使油阀处于“________”状态。

A. 打开　B. 关闭　C. 半开

5. 压力控制阀 PCV 依据发动机的________和转速变化，自动调节供入共轨管内的燃油压力。

A. 进气量　B. 负载　C. 输出功率

6. 当共轨中的燃油压力超过限压阀设定的________压力值时，限压阀阀门打开溢流卸压，防止燃油供给系统损坏。

A. 最高　B. 最低　C. 适中

7. 发动机在不同工况下运转，其加速踏板位置和________决定着基本喷油量，发动机的冷却水温度等决定________。

A. 发动机转速　补偿喷油量　B. 发动机功率　补偿喷油量

C. 发动机转速　基本喷油量

8. 喷油压力越________，喷油能量越________，喷雾越________，混合气形成和燃烧越完全，柴油机的排放性能和动力性、经济性都会得到进一步改善。

A. 小　高　细　B. 大　高　细　C. 大　高　粗

四、名词解释

1. 时间控制

2. 多次喷射

五、问答题

1. 柴油机电控喷油系统的控制内容有哪些?

2. 电控高压共轨系统的控制功能有哪些?

模块二　电子控制自动变速器

§2—1　自动变速器的分类和基本结构

一、填空题（将正确答案填写在横线上）

1. 自动变速器按结构分类，常见的有：__________、__________、__________三种形式。

2. 自动变速器按车辆驱动方式的不同，可以分为__________和__________两种类型。

3. 自动变速器包括__________、__________、__________和__________四大部分。

4. 发动机在怠速和高速运行时，排放的废气中__________和__________的浓度较高。

二、判断题（对的打"√"，错的打"×"）

1. 变速机构可以改变车速和转矩，可以改变输出轴转动方向，但不可实现空挡。（　　）

2. 液力传动汽车的发动机与传动系，由液体工作介质"软"性连接。液力传动起一定的吸收、衰减和缓冲的作用，大大减少了冲击和动载荷。（　　）

3. 汽车驾驶性能的好坏，除与汽车本身的结构有关外，跟控制和操作正确与否无关。（　　）

三、选择题

1. 目前轿车普遍使用的是________，它几乎成为自动变速器的代名词。
   A. 机械无级自动变速器
   B. 液力自动变速器 AT
   C. 电控机械自动变速器

2. 液力变矩器将发动机动力通过油液传递给自动变速器________。
   A. 输入轴　　　B. 输出轴　　　C. 中间轴

3. 电子控制系统可根据________、车速、发动机转速、冷却液温度等有关信号，通过电磁阀对液压系统的控制，实现换挡、锁止时间等的控制。
   A. 进气量　　　B. 进气温度　　　C. 节气门开度

四、问答题

自动变速器的特点是什么?

§2—2 液力变矩器

一、填空题(将正确答案填写在横线上)

1. 变矩器结构演变的中期,由________、________、__________和___________组成。

2. 耦合器的壳体安装在________上,泵轮叶片焊接在壳体______,随发动机曲轴的转动而转动。

3. 为了消除泵轮、涡轮之间的______,提高变矩器______,现代很多轿车的自动变速器采用一种带__________的综合式液力变矩器。

二、判断题(对的打"√",错的打"×")

1. 一般液力变矩器的最大扭矩比可达2.5:1左右。 ( )

2. 分离时变矩器泵轮、涡轮间为机械传动,存在转速差。 ( )

三、选择题

1. 当液流速度不变时,叶片与液流的夹角________,液力变矩器的增扭作用________。

A. 越大 越小　　B. 越大 越大　　C. 越小 越大

2. 锁止时,具有一定压力的液压油从________与变矩器轴颈内的油道________,推动锁止离合器压盘移动。

A. 导轮轴 流出　　B. 导轮轴 进入　　C. 涡轮 进入

四、问答题

简述变矩器的工作原理。

§2—3　行星齿轮机构的工作原理

一、填空题（将正确答案填写在横线上）

1. 行星齿轮变速系统主要包括________和________两部分。

2. 行星齿轮机构，主要由________、________、________和________等元件组成。

3. 单排行星齿轮机构由________、装有数个行星齿轮的行星架和________3 个主要部件组成。

4. 目前常用的自动变速器的行星齿轮装置有________和________两种。

5. 行星齿轮变速器的换挡执行机构由________、________和________三种不同的执行元件组成。

6. 常见的制动器有________和________两种。

7. 单向离合器有多种形式，常用的有________和________单向离合器两种。

二、判断题（对的打“√”，错的打“×”）

1. 行星齿轮机构是实现变速的机构，速比的改变是通过以不同的元件作主动件和限制不同元件的运动实现的。（　　）

2. 制动器的作用是把动力传给行星齿轮机构的某个元件使之成为主动件。（　　）

3. 离合器的作用是将行星齿轮机构中的某个元件相对壳体固定。（　　）

4. 行星齿轮组的三个元件（太阳轮、行星齿轮架和齿圈）只有当元件之一保持静止或两个元件锁在一起时，才能通过行星齿轮组传递动力。（　　）

5. 拉维娜式行星齿轮系统的结构特点是：前后两个行星齿轮机构共用一个太阳轮。（　　）

6. 多片湿式离合器的作用是将行星齿轮变速器的输入轴与行星排中的某个基本元件连

接，或将前后行星排的某两个基本元件连接，以传递动力。（ ）

7．片式制动器的结构和工作原理与湿式多片离合器基本相同。（ ）

8．片式离合器、制动器所能传递动力的大小与摩擦片的面积、片数及钢片与摩擦片间的压紧力有关。（ ）

9．带式制动器易于通过增减摩擦片的片数来满足不同排量发动机的要求。（ ）

三、选择题

1．换挡执行机构主要是用来改变行星齿轮中的________或限制某个元件的运动，改变动力传递的________。

A．主动元件　方向和速比　　B．从动元件　方向

C．主动元件　速比

2．辛普森行星齿轮系统能提供________个前进挡和________个倒挡。

A．三　二　　B．四　一　　C．三　一

3．单排行星齿轮工作中若没有任何元件被固定或锁在一起时，没有输出。结果为________。

A．D 挡　　B．空挡　　C．P 挡

4．离合器活塞安装在离合器鼓内，它是一种________活塞。

A．环状　　B．方状　　C．无规则

5．离合器钢片的外花键齿安装在离合器鼓的内花键齿圈上，可沿齿圈键槽作________移动。

A．径向　　B．轴向　　C．自由

6．有些离合器在活塞和钢片之间有一个________。它具有一定的弹性，可以减缓离合器结合时的冲击力。

A．碟形片　　B．垫片　　C．环形片

7．________的工作平顺性较好，在自动变速器中使用较多。

A．湿式多片离合器　　B．片式制动器　　C．带式制动器

8．单向离合器的作用是使某元件只能按一定方向________，在另一个方向上________。

A．锁止　锁止　　B．旋转　旋转　　C．旋转　锁止

四、问答题

1．带式制动器的优点是什么？

2. 简述辛普森行星齿轮传动系 D 挡 1 挡动力传递路线。

§2—4 液压控制系统的组成和工作原理

一、填空题（将正确答案填写在横线上）

1. 液压控制系统由______、________和________三部分组成。

2. 常用的油泵有______、______和______三种，它们都属于______。

3. 常见节气门阀的控制方式有____________、____________和__________三种。

4. 液控自动变速器换挡阀两端作用着__________和__________，两者控制着高、低挡位的切换。

5. 大多数汽车将油冷却器置于____________内，利用__________将变速器油液的热量散发到大气。

二、判断题（对的打“√”，错的打“×”）

1. 油泵的作用是向液力变矩器、液压操纵系统、齿轮系、油冷却器供油，以满足液力传动与控制、润滑、散热的需要。 （ ）

2. 液控自动变速器一般无速控阀，取而代之的是换挡电磁阀。 （ ）

3. 速控阀位于变速器输入轴上，受输出轴转速快慢的影响。 （ ）

4. 当汽车在平路行驶或负荷较轻时，油门开度较小，这时车速较低可换上高挡，可以节省燃油。 （ ）

5. 一般每个换挡阀只能控制相邻两个挡位的升挡和降挡过程。 （ ）

6. 在自动变速器大修时，不必更换新的油滤网。 （ ）

三、选择题

1. ________是自动变速器中应用最多的一种油泵。

A. 齿轮泵　　B. 转子泵　　C. 叶片泵

2. 齿轮泵齿轮平面与壳体的间隙为________。

A. 0. 10 ~0. 15 mm　　B. 0. 05 ~0. 10 mm　　C. 0. 02 ~0. 05 mm

3. ________是一种多路换向阀，安装在液压控制阀体中。

A. 速控阀　　B. 手动阀　　C. 主调压阀

4. 自动变速器在前进挡中，挡位的变换是通过________的工作实现的。

A. 速控阀　　B. 手动阀　　C. 换挡阀

5. 节气门开度________，升降（换）挡车速越高；节气门开度________，升降（换）挡车速就越低。

A. 越大　越小　　B. 越小　越大　　C. 中度　越大

四、问答题

1. 节气门阀的作用是什么？

2. 简述电控自动变速器换挡阀的工作原理。

§2—5 电控系统的工作原理

一、填空题（将正确答案填写在横线上）

1. 电子控制系统一般包括________、______________、________三大部分。

2. 在自动变速器换挡过程中，电控组件能根据________的大小，通过油压电磁阀适当________主油路油压，以减小_________，改善换挡感觉。

3. 自动变速器选择不同的________，可以满足不同的_________。

4. 自动变速器改善换挡感觉的控制方法有___________________、________________和_______________。

5. 电磁阀按照其作用原理分为_________、________和________。

6. 自动变速器的汽车常采用线性可变电阻型节气门位置传感器，它由一个__________和一个__________组成。

7. 挡位开关位于自动变速器_____________________________________下方，用于检测____________。

二、判断题（对的打“√”，错的打“×”）

1. 电子控制单元根据挡位开关信号，在换挡手柄位于倒挡位置时，可提高倒挡时的主油路油压。（　）

2. 在动力模式中，为了获得良好的燃油经济性，换挡车速较低、动力性能发挥稍差。（　）

3. 自动变速器锁止离合器的接合和分离是由电控组件操纵锁止电磁阀来完成的。（　）

4. 不同车型、型号的自动变速器使用的电磁阀数量不同，一般为 1 ~ 3 个不等。（　）

5. 电磁感应式车速传感器结构简单、动作灵活、体积小、寿命长，成本低。（　）

6. 电控自动变速器中的节气门油压仅用于控制主油路油压，不影响换挡正时。（　）

7. 液压油温度传感器内部是一个负温度系数的热敏电阻，温度越高，电阻越低。（　）

8. 空挡起动开关用以判断选挡手柄的位置，防止发动机在驱动挡位起动。（　）

9. 制动灯开关有故障不能闭合时，制动灯不会点亮，但挂挡杆可以从 P 挡位置移出。（　）

10. 自动变速器随着车速的提高而升挡时，最高能升入 3 挡，也可升入超速挡。（　）

三、选择题

1. 在________中，可以同时兼顾动力性和经济性。

A. 经济模式　　B. 动力模式　　C. 标准模式

2. 自动变速器电子控制单元根据________转速传感器的电信号检测________转速。

A. 输入轴　输入轴　　B. 输入轴　输出轴　　C. 输出轴　输入轴

3. ________在汽车行驶过程中不断地监测自动变速器电控系统中各种传感器和执行器的工作。

A. 电控单元　　B. 故障诊断系统

C. 系统的失效保护功能

4. 电磁阀按照工作方式可以分为________和线性脉冲式电磁阀。

A. 开关式电磁阀　　B. 电动式电磁阀　　C. 可变式电磁阀

5. 常见的车速传感器有舌簧开关式、电磁感应式和________车速传感器三种。

A. 超声波式　　B. 光电式　　C. 霍尔式

6. 节气门位置传感器输出的信号电压________，节气门油压和主油压也________。

A. 越高　越高　　B. 越高　越低　　C. 越低　越高

7. 节气门关闭时，怠速开关________；节气门开启时，怠速开关________。

A. 断开　接通　　B. 接通　接通　　C. 接通　断开

8. ________用来检测加速踏板是否超过节气门全开的位置。

A. 空挡起动开关　　B. 强制降挡开关　　C. 制动灯开关

四、名词解释

控制模式

五、问答题

1. 电控单元有哪些功能？

2．如何检测开关式电磁阀？

§2—6 自动变速器选挡手柄的使用与相关调整

一、填空题（将正确答案填写在横线上）

1．ATF 的作用是：传递能量、________、__________、__________、________。

2．常用的机械系统测试项目有__________、________、__________、________等。

二、判断题（对的打“√”，错的打“×”）

1．空挡起动开关检查发动机是否仅能在选挡杆位于 N 或 P 挡位时起动，在其他挡位不能起动。（　　）

2．确保变速器液压油液面高度正常，油温达到正常工作温度 90～100℃。（　　）

三、选择题

1．当选挡手柄置于________位置时，汽车可以倒退行驶。

A．P 挡　　B．R 挡　　C．N 挡

2．将选挡手柄自________位换到其他挡位，检查选挡手柄是否能平稳精确地换到其他挡位。

A．P 挡　　B．R 挡　　C．N 挡

四、问答题

道路试验包括什么试验？

§2—7　电控无级变速器（CVT）

一、填空题（将正确答案填写在横线上）

1．CVT的速比工作范围________，能够使发动机以最佳工况工作，从而______了燃烧过程，______了废气的排放量。

2．电控无级变速器由________、__________和________组成。

3．CVT的变速系统主要由__________、________、________和__________四部分组成。

4．变速传动机构主要由__________、____________和____________组成。

二、判断题（对的打“√”，错的打“×”）

1．由于CVT的速比变化是连续不断的，所以汽车的加速或减速过程非常平缓。（　　）

2．电磁离合器的功能是将发动机输出的动力直接传递到齿轮传动机构。（　　）

3．CVT的传动比是连续变化的，传动比变化曲线是连续平滑的曲线。（　　）

三、选择题

1．________的功能是将发动机输出的动力由电磁离合器或液力变矩器传递到机械变速机构。

A．变速传动机构　　B．电磁离合器　　C．齿轮传动机构

2．________起到连接与保持作用。

A．柔性钢带　　B．V形带　　C．楔形带

3．当CVT主动轮半径达到________而被动轮半径达到________时，汽车处于高挡加速行驶状态。

A．最大　最大　　B．最大　最小　　C．最小　最小

四、问答题

1．CVT的特点是什么？

2．CVT的特性是什么？

模块三　汽车制动防抱死系统（ABS）和驱动防滑系统（ASR）

§3—1　自 ABS 和 ASR 概述

一、填空题（将正确答案填写在横线上）

1. 汽车制动防抱死（ABS）系统是汽车在常见路面上进行较大制动力制动时，防止车轮＿＿＿＿＿＿＿的系统。

2. 滑移率指汽车制动时，在车轮运动中＿＿＿＿成分所占的比例。

3. 车轮纯滚动时，$s=$＿＿＿＿＿；纯滑动时，$s=$＿＿＿＿＿＿＿。

4. ABS 的功能是在汽车制动过程中不断自动调整汽车制动系统压力，使车轮滑移率始终保持在＿＿＿＿＿左右。

5. ABS 装置的控制通道分为＿＿＿通道式、＿＿＿通道式、二通道式和一通道式。

二、判断题（对的打“√”，错的打“×”）

1. 当只有后轮抱死时，由于后轮的转向力基本为零，故无法进行正常的转向操作。（　　）

2. 滑移率是附着力与车轮法向（与路面垂直的方向）压力的比值。（　　）

3. 现在的汽车多采用二通道式的 ABS 装置。（　　）

4. ABS 系统按工作原理可分为：液压制动系统 ABS、气压制动系统 ABS、气顶液制动系统 ABS。（　　）

5. 与 ABS 系统相比较，ASR 系统仅仅是用来控制驱动车轮的一种装置。（　　）

三、选择题

1. ASR 按控制方式可以分为＿＿＿＿种。

A. 2　　B. 3　　C. 4

2. ABS 一般在车速为＿＿＿＿时不起作用。

A. 低速　　B. 高速　　C. 中速

3. ASR 一般在车速为＿＿＿＿时不起作用。

A. 低速　　B. 高速　　C. 中速

4. 在汽车制动过程中，滑移率为＿＿＿＿左右时纵向附着系数最大，制动时能获得的地面制动力也最大，汽车制动效能最高。

A. 10%　　B. 20%　　C. 30%　　D. 40%

5. ________制动系统广泛应用于轿车和轻型载货汽车上。

A. 液压　　B. 气压　　C. 气顶液

四、名词解释

1. ABS

2. ASR

五、问答题

简述滑移率、附着系数、制动力之间关系。

§3—2　制动防抱死（ABS）系统

一、填空题（将正确答案填写在横线上）

1. ABS 在普通制动系统的基础上增加了__________、ABS 执行机构和 ABS 电控器。
2. ABS 采用的传感器包括____________、车速传感器和汽车减速度传感器。
3. ABS 执行机构主要由制动压力调节器和________________组成。
4. 目前使用的轮速传感器主要分为__________轮速传感器和__________轮速传感器。
5. 在很多 ABS 制动压力控制装置里面，应用最广的是__________制动压力控制装置。

二、判断题（对的打“√”，错的打“×”）

1. 液压式制动压力控制装置的特点是制动比较柔和，故障率较低。（　）
2. 霍尔式轮速传感器产生交流信号。（　）
3. ABS 系统电控器的故障中，每一组故障码都代表一种特定的故障。（　）

4．福特车系的 ABS 故障码由字母 A 和数字组成。（　　）

三、选择题

1．霍尔式轮速传感器具有________等优点。

A．输出信号稳定、频率响应高　　B．价格便宜、结构简单

2．当 ABS 出现故障时，ABS ECU ________。

A．使 ABS 警报灯点亮，制动系统停止工作

B．使 ABS 警报灯点亮，ABS 系统停止工作

C．使 ABS 警报灯闪烁，ABS 系统停止工作

D．使 ABS 警报灯熄灭，ABS 系统停止工作

3．压力差动开关安装在________中。

A．制动总泵　　B．制动管路　　C．液压总成电磁阀体

四、问答题

1．简述霍尔式轮速传感器的工作原理。

2．简述循环式制动系统的具体工作原理。

§3—3　驱动力控制（ASR）系统

一、填空题（将正确答案填写在横线上）

1. 典型的 ASR 系统一般由 ASR ________、ASR 控制器、ASR 执行器等组成。
2. ASR 控制器与__________控制器通常组合在一起。
3. ASR 执行器一般有 ASR 制动压力调节器和用来控制进气量的怠速控制阀或______。
4. 汽车在行驶过程中作用在驱动轮上的__________、侧向力及驱动力是相互联系、相互制约的。

二、判断题（对的打“√”，错的打“×”）

1. 电子系统判断出驱动轮打滑后，立刻自动增加节气门进气量，提高发动机转速。（　　）
2. 驱动力增大，侧向力就减小。（　　）

三、问答题

简述目前在各种车型上装备的 ASR 系统的相同点。

§3—4　其他制动辅助系统简介

一、填空题（将正确答案填写在横线上）

1. EBD 的中文直译是__________________。
2. TCS 主要使用引擎______________、变速箱________和供油系统来控制驱动轮打滑。
3. ESP 系统包含________________及______________，是这两种系统在功能上的延伸。

二、判断题（对的打“√”，错的打“×”）

1. 踩下加速踏板，HAC 系统就开始工作。（　　）
2. EBA 系统能有效防止追尾。（　　）
3. CBC 系统与 ABS 系统的区别在于：CBC 系统不踩刹车也能工作。（　　）

三、名词翻译

1. TCS

2. ESP

3. HAC

四、问答题

简述 HAC 系统的运行条件。

模块四　汽车舒适性控制系统

§4—1　电子控制悬架

一、填空题（将正确答案填写在横线上）

1. 电子控制悬架系统的功能有____________、______________、______________。

2. 电子控制悬架系统按传力介质不同可分为____________和________________，按控制理论不同分为__________和______________。

3. 主动悬架根据频带和能量消耗的不同，可分为__________和______________，按驱动机构不同可分为________和__________。

4. 汽车电子控制悬架系统主要由感应汽车运行状况的各种传感器、开关、__________、________________组成。

5. 汽车电子控制悬架系统应用的传感器有_________________、_________________、______________、__________________等。

6. 汽车电子控制悬架系统应用的开关有____________、_____________、____________、__________________等。

7. 汽车电子控制悬架系统的执行机构有__________，可调节弹簧高度和弹性大小的弹性元件等。

8. 加速度传感器常用的有____________和______________两种。

9. 车身高度传感器常用的有__________、__________、______________。

10. 悬架电子控制单元的 ECU 一般由________、__________、输出电路和电源电路等组成。

11. 车轮和车身状态只能被动地取决于路面、行驶状况以及汽车的弹性支承元件、减振器和导向机构的悬架是__________悬架。

12. 根据行驶条件，随时对悬架系统的刚度、减振器的阻尼力以及车身的高度和姿势进行调节，使汽车的有关性能始终处于最佳状态的悬架是______悬架。

13. 对减振器的阻尼力进行调节，有时还对横向稳定器的刚度进行调节的悬架是______悬架。

14. 悬架系统的调节方式有________和________两种。

15. 悬架电控系统主要的执行器有两大类，即________和__________。

16. 直流电动机式执行器安装在悬架系统中每个悬架__________的顶部，并通过其上的__________与减振器的________相连。

17. 无级半主动悬架可以根据路面的行驶状态和车身的响应对悬架________进行控制。

18. 转向盘转角传感器用于检测转向盘的中间位置、____________、__________和转动速度。

19. 在电子控制悬架中，电子控制单元根据________信号和________信号，判断汽车转向时侧向力的大小和方向，以控制车身的侧倾。

20. 车高控制执行机构主要由________、________和设置在悬架之上的主气室组成。

二、判断题（对的打"√"，错的打"×"）

1. 装有电子控制悬架系统的汽车无论车辆负载多少，都可以保持汽车高度一定，车身保持水平。（ ）

2. 装有电子控制悬架系统的汽车在高速行驶时，可以使车高降低，以减少空气阻力，提高操纵的稳定性。（ ）

3. 装有电子控制悬架系统的汽车可以防止汽车急转弯时车身横向摇动和换挡时车身纵向摇动。（ ）

4. 半主动悬架可分为有级半主动式和无级半主动式两种。（ ）

5. 转向盘转角传感器用于检测转向盘的中间位置、转动方向、转向角度和转动速度。（ ）

6. 在电子控制悬架系统中，电子控制单元根据车速传感器和转角传感器的信号，判断汽车转向时侧向力的大小和方向，以控制车身的侧倾。（ ）

7. 在车轮打滑时，ESP 能以转向角和汽车车速正确判断车身侧向力的大小。（ ）

8. 当选择手动挡时，悬架系统的阻尼力只有标准（中等）和运动（硬）两种状态的转换。（ ）

9. 为改变汽车的侧倾刚度，可通过改变纵向稳定杆的扭转刚度来实现。（ ）

10. 当载荷减少而使车身升高时，油泵反转，回油阀打开，各轮举升油缸中的油液经回油阀流回储油箱，车身降低。（ ）

11. 前后车轮关联感应控制：车轮遇到单个障碍时，相应升高悬架的刚度和阻尼，可以降低车身受到的冲击和振动。（ ）

12. 坏路面感应控制：当汽车突然进入坏路面行驶时，为了抑制猛然产生的车身纵向角振动，应该减小悬架刚度和阻尼。（ ）

13. 三菱主动电子控制悬架系统属于空气悬架系统，能够动态控制悬架特性，使汽车具有较高的操纵稳定性和乘坐舒适性。（ ）

14. 空气主动式悬架由电磁阀驱动。（ ）

15. 主动悬架调节需要消耗能量，故系统中需要能源。（ ）

16. 空气弹簧是被动悬架。（ ）

17. 主动悬架调节不需要消耗能量，故系统中不需要能源。（ ）

18. 非独立悬架主要用于承载负荷大的客车和货车。（ ）

19. 独立悬架主要用于轿车。（ ）

三、选择题

1. 全主动式悬架的频带宽________。

A. 大于5 Hz　　B. 大于15 Hz　　C. 小于15 Hz　　D. 小于5 Hz

2. 慢全主动式悬架的频带宽为________。

A. 大于6 Hz　　B. 3 ~6 Hz　　C. 小于3 Hz　　D. 以上均不正确

3. 一般情况下，安装在汽车仪表盘上，与车速表装在一起，并用软轴与变速器的输出轴相连的是________传感器。

A. 舌簧开关式和光电式车速　　B. 磁阻元件式

C. 磁脉冲式　　D. 以上都正确

4. 一般情况下，装在变速器上并通过蜗杆蜗轮机构与变速器的输出轴相连的是________传感器。

A. 舌簧开关式　　B. 光电式车速

C. 磁阻元件式和磁脉冲式　　D. 以上都正确

5. 在模式选择开关中，表示自动、标准运行模式的是________。

A. Auto、NormaL　　B. Auto、Sport

C. Manu、NormaL　　D. Manu、Sport

6. 主动悬架系统主要由高压液体传递能量，根据其控制方式可分为________和压力控制型。

A. 流量控制型　　B. 数量控制型　　C. 高度控制型　　D. 弹簧控制型

四、问答题

1. 汽车电子控制悬架系统的一般工作原理是怎样的？

2. 悬架电子控制单元 ECU 的功能有哪些？

3. 操纵高度控制开关检查汽车高度变化情况的步骤是怎样的？

4. 汽车高度如何调整？

5. 汽车车身高度调节的作用是什么？

6. 悬架的控制项目主要有哪些？

7. 半主动悬架系统与全主动悬架系统有哪些异同点？

§4—2 电子控制悬架系统的故障诊断与检测

一、填空题（将正确答案填写在横线上）

1. 电控悬架系统的故障指示灯有两个，一个是________指示灯，一个是________指示灯。

2. 电控悬架在系统出现故障后，高度控制______指示灯会以______间隔闪烁。

3. 故障码的读取，用跨接线将______或诊断插座的端子______与______跨接起来，将点火开关拨到 ON 位置，根据仪表盘上的高度控制________指示灯的闪烁读取故障码。

4．全主动悬架系统可以使用两种不同的自诊方式进行故障诊断：第一种也是优先考虑的是利用____________进行故障诊断，_____________能够准确查找故障所在并且能在系统维修后对系统进行检测。第二种是进行高度控制时，利用__________显示的故障代码进行故障诊断。

二、问答题

1．简述电子控制悬架系统的自诊功能。

2．如何对溢流阀的功能进行检查？

3．简述不使用CONSULT监测器诊断日产无限Q45轿车全主动悬架系统故障的诊断方法。

4．如何对系统管路进行漏气检查？

模块五　其他电子控制装置

§5—1　安全气囊系统（SRS）

一、填空题（将正确答案填写在横线上）

1. SRS 既是________，也是________的辅助控制装置，只有在使用______的条件下，才能充分发挥其保护作用。

2. 按控制方式不同，SRS 分为________SRS 和__________SRS 两大类。

3. 在同一辆汽车上，无论气囊数量多少，它们既可以________，也可______进行控制。

4. 安全气囊系统 SRS 主要由__________、__________、______________、气囊组件和__________等组成。

5. 驾驶员气囊组件主要由________、______和安装在内部的点火器组成。

6. 连接器双重锁定机构的作用是锁定________与________，防止连接器脱开。

二、判断题（对的打“√”，错的打“×”）

1. 汽车 SRS 对任何情况下的碰撞都起作用。（　　）

2. 防止气囊误爆机构的作用是监测连接器的插座与插头是否连接可靠。（　　）

3. 在安全气囊系统的每一个连接器中，接线端子都设置有双重锁定机构，其作用是防止接线端子滑动而接触不良。（　　）

4. 安全气囊装置只能工作一次，发生事故引爆后，必须由专业人员更换新的安全气囊，千万不能从其他车上拆下旧气囊来使用。（　　）

5. 安装碰撞传感器时，传感器上的箭头应朝向规定方向。碰撞传感器的定位螺栓是经过防锈处理的。当传感器拆下后，不必换用新的定位螺栓。（　　）

三、选择题

1. 发生碰撞约________后，气囊完全充满，体积最大。

A. 20 ms　　B. 30 ms　　C. 40 ms

2. 按用途不同，碰撞传感器可分为________和________两种。

A. 碰撞信号传感器　碰撞防护传感器

B. 发动机转速信号　碰撞防护传感器

C. 碰撞信号传感器　温度信号传感器

3. 充气剂一般都采用叠氮化钠片状合剂。叠氮化钠有剧毒，在温度约________时分解出氮气。

A．200℃　　　　B．400℃　　　　C．300℃

4．防止气囊误爆机构是连接气囊点火器的连接器中的一块________弹簧片。

A．铝质　　　　B．铜质　　　　C．不锈钢

5．电路连接诊断机构是一块________。

A．诊断销　　　　B．短接片　　　　C．铝片

四、问答题

安全气囊系统 SRS 的功用是什么？

§5—2　安全带紧急收缩触发系统（SRTS）

一、填空题（将正确答案填写在横线上）

1．安全带收紧系统是在__________的基础上，增设________和左右______收紧器构成。

2．安全带收紧系统的执行器即__________，分别安装在座椅靠近__________的两侧或__________旁边。

二、判断题（对的打“√”，错的打“×”）

跟安全气囊一样，在汽车发生碰撞事故的一瞬间，乘员尚未向前移动时，卷收器会自动将安全带往回拉一段距离，以消除安全带与身体之间的间隙。　（　　）

三、选择题

1．安全带收紧系统的执行器有________和________两种。

A．活塞式　水银式　　　　B．活塞式　钢珠式　　　　C．钢珠式　碰撞式

2．当汽车发生碰撞时，气体发生器就会产生氮气使收紧器工作，在碰撞后约________内将安全带收紧。

A．10 ms　　　　B．20 ms　　　　C．5 ms

3．在安全带收紧工作的同时，安全气囊也点火膨胀，但其气囊要在碰撞约________后才完全充气到最大体积。

A．50 ms　　　　B．60 ms　　　　C．40 ms

四、问答题

为什么安全带收紧系统能避免或减轻人体因二次碰撞遭受的伤害？

§5—3　中控门锁与防盗系统

一、填空题（将正确答案填写在横线上）

1．中控门锁控制系统具有__________和________以及________功能。

2．汽车电子门锁由______、__________和________等组成。

3．电动机式自动车门锁由____________、__________及____________构成。

4．门锁控制器的种类很多，按其控制原理大致可分为______、______和车带感应式3种。

二、判断题（对的打“√”，错的打“×”）

1．车速感应式门锁控制器装有一个车速为20 km/h的感应开关，当车速大于20 km/h时，若车门未上锁，则驾驶员不需动手，门锁控制器会自动将门上锁。　　（　　）

2. 电子式防盗器只防盗不报警。 （ ）

3. 网络式防盗系统分为卫星定位跟踪系统（简称 GPS）和利用车载台（对讲机）通过中央控制中心定位的监控系统。 （ ）

三、选择题

1. 汽车电子门锁的执行机构一般采用________控制。

A. 电子控制板　　B. 电磁铁或微型电动机　　C. 发动机

2. 汽车防盗器按其结构可分为机械式、________、网络式三大类。

A. 电子式　　B. 手动式　　C. 联动式

四、问答题

简述点火控制型防盗器的工作原理。

§5—4 汽车前照灯电子控制装置

一、填空题（将正确答案填写在横线上）

1. 前照灯自动变光器首先实现了______，不需要驾驶员操纵；其次是体积______，性能______，且灵敏度____。

2. 前照灯昏暗自动发光器是在汽车行驶过程中（并非夜间行驶），当汽车前方________________________，发光器便自动将________，开灯行驶以确保行车安全。

二、判断题（对的打“√”，错的打“×”）

1. 待两车相会后，前照灯自动变光器又自动变近光为远光。 （ ）

2. 当汽车的负荷较大时，前灯距地面变近，使照明范围变大；反之，照明范围变小。（　　）

3. 前照灯自动关闭延时器是一种自动关闭前照灯的控制装置，当汽车停驶时，为驾驶员下车离去提供一段照明时间，以免驾驶员摸黑走出车库时发生事故。（　　）

三、选择题

1. 在夜间，当两车相向行驶相距________时，对方的汽车灯光照射到前照灯自动变光器上，前照灯自动变光器就立即自动变远光为近光。

A. 100 ~ 200 m　　B. 100 ~ 150 m　　C. 150 ~ 200 m

2. 当汽车的负荷较大时，前灯距地面变________，使照明范围变________。

A. 近　小　　B. 远　大　　C. 近　大

§5—5　电动车窗和电动后视镜控制系统

一、填空题（将正确答案填写在横线上）

1. 电动车窗一般由______、车窗、__________、________等组成。
2. 车窗电动机的类型有____________和____________________。
3. 电动车窗的功能有______、__________、________等。
4. 按安装位置分类，后视镜可分为________、______和下视镜 3 种。
5. 按后视镜的镜面形状分类，后视镜可分为______、______以及______3 种。

二、判断题（对的打“√”，错的打“×”）

1. 每一个车窗都装有一个双向直流电动机。（　　）
2. 车窗玻璃升降器的功能是减速增扭，实现运动形式的转换并传递动力。（　　）
3. 外后视镜安装在汽车驾驶室内部，供驾驶员观察和注视车内后部乘员或物品的情况。（　　）
4. 曲率镜通常用作防炫目的内后视镜。（　　）

三、选择题

1. 车窗电动机内有两组绕向不同的磁场线圈，通过开关的控制正转和反转，就可以控制门窗玻璃的________。

A. 上升或下降　　B. 上升　　C. 下降

2. 按制镜时涂用的反射膜材料分类，可分为铝镜、________、银镜以及蓝镜四种。

A. 曲率镜　　B. 铬镜　　C. 平面镜

3. 按后视镜的调节方式分类，可以分为________和________两种。

A. 全面调节　局部调节　　B. 向外调节　向内调节

C. 车外调节　车内调节

四、名词解释

1．电动车窗

2．车外控制车窗功能

五、问答题

电动后视镜有哪些功能?

内容简介

本习题册是全国中等职业技术学校汽车类专业教材《汽车电子控制装置（第三版）》的配套用书。习题册紧扣教学要求，按照教材章节顺序编排，知识点分布均衡，题型丰富多样，难易配置适当，适合学生复习和巩固知识使用。

本书由毛红孙主编，侯湘晖副主编，莫春华、肖华炜、李军、李宣荀、廖作兴、方永念参加编写。

策划编辑 / 杜庚星
责任编辑 / 徐　悦
责任校对 / 洪　娟
装帧设计 / 王利民

ISBN 978-7-5167-0784-5

定价：7.00 元

国家级职业教育规划教材

人力资源和社会保障部职业能力建设司推荐

全国中等职业技术学校汽车类专业教材

汽车电控发动机构造与维修习题册

QUANGUO ZHONGDENG ZHIYE JISHUXUEXIAO QICHELEI ZHUANYE JIAOCAI

中国劳动社会保障出版社